D1034823

Cultiver les compétences

Guide pratique du manager

Didier Noyé, en collaboration avec Joseph-Luc Blondel

Livret réalisé à partir de la base documentaire d'INSEP CONSULTING

Illustrations d'Etienne Appert

INSEP CONSULTING
Éditions

Sommaire

Compétences et performances

La pression concurrentielle, l'évolution technologique, la diversification des demandes du marché sont si intenses et rapides qu'elles imposent une adaptation permanente des activités, donc des savoirs, des savoir-faire, des comportements. **Les compétences sont un des moyens de réalisation de la stratégie de l'entreprise.** Le management des compétences est également un moyen pour fidéliser les personnes.

Le management des compétences est une responsabilité du manager. Les collaborateurs sont également les responsables du développement de leurs compétences.

Quelques questions :

- De quelles compétences a-t-on besoin dans notre unité ? Quelles sont les compétences de base à maîtriser ? Quelles sont les compétences-clés pour la réussite de notre activité ?

- De quelles compétences disposons-nous ? Quels sont les écarts à combler ? Quelles évolutions prendre en compte ?

- Comment développer nos compétences professionnelles ?

1. Quel management des compétences ?

La notion de compétence

La compétence professionnelle est la capacité à mobiliser et combiner des connaissances, des savoir-faire, des comportements pour maîtriser une situation professionnelle et obtenir le résultat attendu.

Il s'agit donc d'avoir des connaissances et des savoir-faire, mais aussi de les utiliser dans une situation de travail en jouant son rôle.

La compétence ne se réduit pas à ce que l'on désigne par savoir-faire, qualification, capacité... Elle est liée aux conditions de mise en œuvre, au contexte d'un travail particulier.

La compétence a un caractère évolutif ; par exemple, elle peut disparaître si l'environnement du travail change.

Un révélateur de la compétence est le résultat obtenu dans le travail.

Les compétences spécifiques ou techniques, correspondent au métier, à la technique professionnelle utilisée.

Réaliser une soudure, pour un soudeur

Organiser un appel d'offres, pour un acheteur

Optimiser un circuit de distribution, pour un logisticien

Les compétences transversales sont utiles dans différents domaines et ne sont pas liées à une technique.

Compétences relationnelles : *échanger avec des collègues, conduire un entretien, animer une réunion...*

Compétences organisationnelles : *organiser un plan d'action, planifier des activités, définir et suivre un indicateur... Mais aussi la maîtrise des logiciels, « Excel », « PowerPoint », « MS Project » ... usage d'Internet et des intranets...*

Autres notions concernant les compétences

Connaissance	Savoir théorique ou pratique ; réponse à une question que l'on se pose.
Savoir-faire	Maîtrise d'une activité qui résulte de la pratique ou de l'apprentissage.
Comportement	Ensemble des réactions, des manières d'agir, des conduites observables d'une personne.
Attitude	Dispositions individuelles et postures résultant de la culture collective ou de l'histoire personnelle et qui génèrent des comportements.
Polyvalence	Capacité à tenir différents postes de travail.
Pluricompétences	Maîtrise de plusieurs compétences utiles pour différents emplois.
Talent	Capacité à générer des résultats au-dessus de la moyenne.*
Professionnalisation	Ensemble des dispositifs et des parcours permettant de développer les compétences dans un champ professionnel déterminé.

* Les personnes très qualifiées et motivées deviennent des ressources rares.

Manager les compétences

Manager les compétences, c'est s'organiser pour disposer à temps des compétences professionnelles nécessaires pour obtenir et améliorer les résultats, réussir les projets d'évolution et innover.

Dans ce domaine, la responsabilité du manager est d'agir pour que son unité puisse acquérir des compétences, utiliser au mieux ces compétences, stimuler et développer les compétences.

Le manager doit aussi s'attacher à sauvegarder les compétences précieuses qui sont déterminantes pour la performance.

Il doit par ailleurs prévenir l'incompétence qui peut menacer ceux qui ont un travail trop répétitif ou qui utilisent des techniques qui risquent de devenir obsolètes.

Manager *conjointement* les performances
et les compétences

L'erreur à éviter :
- d'un côté, manager les performances et l'atteinte des objectifs,
- de l'autre côté, manager les compétences des personnes.

En fait, il faut **être très attentif au lien qui existe entre compétences et performances.** Le manager est celui qui repère quels sont les comportements qui permettent de générer des résultats, quelles sont les façons de faire qui sont étroitement liées à l'obtention des performances.

C'est pour cela que **le management des compétences est l'affaire des managers** et en particulier de la 1ère ligne de management.

Le collaborateur est aussi appelé à prendre en charge une responsabilité de plus en plus forte pour développer ses compétences. Il assure ainsi son épanouissement professionnel et garantit son employabilité.

Compétences de base et compétences distinctives

Une distinction utile :

- **Les compétences de base,** les compétences fondamentales qu'il faut maîtriser pour faire le travail demandé.
- **Les compétences distinctives,** celles qui sont déterminantes pour obtenir de bonnes performances et être compétitif sur un marché.

Sans les compétences de base, le travail effectué peut connaître des insuffisances, des défauts, des retards, des gaspillages.

Grâce aux compétences distinctives, on devient très compétitif, on se différencie des concurrents, on obtient de très bons résultats. Les compétences distinctives sont liées aux facteurs-clés de succès d'une activité.

Par exemple, dans la restauration, servir des plats chauds et être aimable avec le client sont des compétences de base ; personnaliser la relation avec le client et lui offrir des plats très fins sont des compétences distinctives.

Pour l'ingénierie de produits nouveaux, développer rapidement des produits nouveaux et respecter des délais courts, constituent une compétence distinctive.

La compétence est avant tout individuelle. Mais on peut considérer que dans l'organisation, les modes de régulation d'une équipe révèlent une « *compétence collective* » : ce que cette équipe est capable d'obtenir comme résultat.

Le manager doit s'interroger sur cette dimension collective pour veiller à la complémentarité des rôles, à la coordination des actions, à la régulation des aléas. Le manager est le garant de cette performance collective.

2. Comment identifier les compétences nécessaires ?

L'évaluation des compétences

L'évaluation des compétences peut être faite dans différents buts. Il est donc important de bien **clarifier quelle est l'intention.**

Distinguer :

L'évaluation managériale

Elle a pour but d'organiser le progrès des personnes et de l'entreprise.

- Permettre au collaborateur d'identifier ses compétences pour conduire sa réflexion sur son projet personnel.
- Vérifier l'adéquation entre les compétences disponibles et celles qui sont requises.
- Organiser la répartition du travail en fonction des compétences disponibles.
- Préparer un plan de développement des compétences.
- Identifier qui peut remplacer qui en cas d'absence, de congés.
- Préparer un plan de succession, une mobilité.
- Vérifier la cohérence des rémunérations au regard des compétences.
- Identifier des compétences non utilisées qui pourraient être mobilisées.

La reconnaissance sociale (dans l'entreprise et en dehors) des compétences acquises

La *Validation des Acquis de l'Expérience* (VAE) permet cette reconnaissance.

Clarifiez quel est le but de l'identification des compétences. Évitez de mettre sur pied une usine à gaz qui prétend servir à tous les buts possibles.

Évitez de faire des listes exhaustives de compétences. C'est lourd et inutile. Soyez sélectif. Une personne peut être concernée par 7 à 8 compétences. Une activité professionnelle peut correspondre à une douzaine de compétences (s'il y a besoin de listes plus complètes, faites un zoom sur un point particulier mais évitez les longues listes).

Exprimez une compétence de façon globale pour que l'on fasse le lien avec la performance. Ex. : *Comprendre les besoins clients et les traduire en caractéristiques produit/service ; Optimiser la gestion du stock en limitant les risques de rupture ; Faire le diagnostic des pannes courantes de tel équipement...*

Si une compétence est formulée de façon trop analytique, en séparant les connaissances des savoir-faire et des comportements, le lien avec la performance risque d'être perdu de vue.

Une compétence doit être observable pour pouvoir être évaluée en comparaison à des comportements de référence. On doit pouvoir la mesurer sur une échelle (Cf. pages 16 et 25).

Exemple :

Niveau 1 : Compétence *indispensable* qui doit être maîtrisée par celui qui fait le travail pour obtenir le résultat attendu.

Niveau 2 : Compétence qui va au-delà du minimum indispensable et représente une *amélioration du résultat* par rapport à ce minimum.

Niveau 3 : Compétence correspondant aux *meilleures pratiques* pour ce type d'activité et permettant d'obtenir les meilleurs résultats.

Il existe aussi d'autres formulations d'échelle de compétences. Exemple :

A : **Débutant** - réalise le travail avec un appui

B : **Confirmé** - réalise le travail de façon autonome

C : **Spécialiste ou expert** - innove, fait évoluer la façon de travailler

La définition précise des compétences mobilisées par les processus de travail permet l'engagement des collaborateurs et de leurs managers dans le développement de l'efficacité individuelle et collective.

L'examen de la mission d'une personne donne déjà des indications sur les compétences nécessaires.

Par exemple, le responsable de la maintenance doit réaliser des actions de maintenance préventive, des actions de maintenance corrective, il doit superviser les travaux de maintenance réalisés par des sous-traitants. Il doit être compétent pour ces activités. Ces activités sont réalisées avec certains instruments (qu'il faut savoir utiliser) ; ces activités sont réalisées dans des situations spécifiques (maintenance de certaines machines dans des endroits particuliers).

La description d'un processus de travail est aussi une source d'information précieuse pour identifier les compétences. Il faut être capable de réaliser les différentes opérations du processus.

Dans une description de processus de travail, il convient de mettre en évidence les points-clés, les points difficiles à maîtriser en raison de la technicité ou des aléas.

La validation des acquis de l'expérience permet de traduire, dans le champ de la reconnaissance sociale, les compétences acquises. Elle les organise, en permettant, en tout ou partie, l'obtention d'un titre ou d'un diplôme.

Les compétences pour un processus

Exemple de repérage des compétences à partir du déroulement d'un processus.

Désignation du processus : *Acheter des fournitures industrielles*

Enchaînement des opérations	Points-clés, points difficiles à maîtriser
Exprimer le besoin d'achat	*Faire une expression fonctionnelle du besoin*
Rédiger le cahier des charges	
Présélectionner les fournisseurs	*Savoir consulter au niveau mondial*
Consulter et choisir un fournisseur	*Savoir négocier en anglais*
Passer une commande	
Gérer le marché	*Intervenir efficacement en cas d'incident*
Faire le bilan de l'affaire	

Les compétences et les projets

Les projets ne sont pas récurrents comme les processus ; ils ont un début et une fin. Les projets peuvent viser une transformation (amélioration, réorganisation...) ou un changement plus important (nouvelle activité, nouveau marché, nouveau produit, externalisation...). Ils induisent un nouveau mode de fonctionnement. Certains projets impliquent uniquement du personnel interne à l'entreprise, d'autre mobilisent également des partenaires extérieurs (fournisseurs, clients, consultants...).

- **La réflexion sur les compétences nécessaires doit intervenir au plus tôt** et non pas uniquement en phase de déploiement du projet. Quelles ressources humaines pour ce projet ? Quelles compétences pour ces RH ? Quelle sensibilisation pour réussir le changement ?

- **Distinguer :**
  Compétences pour bien mener le projet (compétence pour la conduite, pour la participation au projet, compétence technique concernant le contenu du projet).
  Compétences pour réussir le nouveau mode de fonctionnement à l'issue du projet (nouvelles pratiques des bénéficiaires du projet).

- Identifier les compétences requises en interne, mais aussi **chez les partenaires** concernés par ce projet.

Quelles sont les compétences qui nous permettent de faire la différence avec nos concurrents ?

Le point de départ est une réflexion stratégique concernant notre domaine d'activité. Pour ce domaine d'activité, quelles sont les cibles de performances et **quels sont les facteurs-clés de réussite ?**

Ces facteurs-clés de réussite peuvent être traduits en **bonnes pratiques.** Dans ces bonnes pratiques, qu'est-ce qui relève du facteur humain ? Qu'est-ce qui relève de la mobilisation d'autres moyens ?

Objectifs de performance	Facteur-clé de réussite	Bonnes pratiques	Compétences distinctives Être capable de …
Exemple : **Livraison rapide.**	*Efficacité de la logistique.*	*Prévision et anticipation - Bon dimensionnement des moyens logistiques*	Recueillir et traiter les informations pour les prévisions. Calculer la charge prévisionnelle et affecter les moyens.
Exemple : **Fidélisation du client.**	*Satisfaction élevée du client pour le service rendu et pour la relation.*	*Personnalisation de la relation et du service. Évaluation systématique de la satisfaction.*	Entrer en relation, analyser l'attente et fournir une prestation adaptée. Savoir demander et exploiter le feed-back du client.

L'étude des démarches compétences dans les entreprises européennes* fait apparaître deux modèles distincts.

- Le premier consiste à approcher les compétences à partir des **logiques métiers.** Il s'agit alors d'identifier les activités qui déterminent l'exercice de la fonction. Ce modèle est très représenté en France.
- Le second approche les compétences à partir des pratiques et des **comportements requis afin de produire de la valeur et du service** pour le client. Ce modèle est très largement développé en Europe du nord.

Dans le **modèle 1,** l'organisation et les missions confiées à la personne déterminent les activités qui sont les siennes. Ces activités vont mobiliser des compétences ; la maîtrise des activités permet d'atteindre les performances attendues.

Dans le **modèle 2,** l'organisation détermine un niveau de service auquel contribue l'individu à travers ses compétences et ses comportements. La performance résulte de la valeur perçue par le client dans le service offert ; elle intègre donc les comportements de la personne chargée de fournir le service.

* Références : *Le management des compétences dans les entreprises européennes*, F. Geffroy et R. Tijou, INSEP CONSULTING Éditions ; L'Expansion, *Comment rendre compte des liens entre performance et travail ?*, C. Darvogne.

Les modèles que nous venons de présenter influencent les référentiels de compétence des entreprises.

Modèle 1 : centré sur le métier, la fonction, les activités :

Répandu en France. Répandu dans les activités industrielles ou de culture industrielle. Outillé à partir d'approches organisationnelles. Relié à des outils RH pour la recherche de l'adéquation besoin/ressources.

Modèle 2 : centré sur les valeurs, les comportements, les pratiques :

Répandu aux USA, en Grande-Bretagne. Répandu dans les entreprises de services. Outillé à partir d'approches psychologiques*. Focalisé sur la recherche de l'engagement maximum des personnes dans leurs fonctions.

Modèle 3 : approche mixte :

Extension d'un modèle qui s'enrichit à partir de l'autre.
Ou, segmentation de population : modèle 2 pour l'encadrement ; modèle 1 pour les non-cadres.
Ou, segmentation selon le niveau : modèle 2 Groupe ; autres modèles par Branches ou par pays.

* Exemple, focalisation sur : *leadership, animation des hommes, attention aux autres, assertivité, orientation pour l'action...*

3. Comment repérer les compétences à développer ?

Trois points d'entrée

1. Comparer les compétences requises et les compétences disponibles

2. Analyser les performances réalisées

Entretien annuel - Tableau de bord des résultats - Enquêtes clients

3. Examiner les projets et les priorités stratégiques

Besoins pour les projets majeurs - Évolutions technologiques et évolution des métiers

24

Exemple d'analyse :

compétences requises/compétences disponibles

Fonction : *Responsable de mission*

Compétences	Niveau		
Connaître les produits			
Analyser les besoins des clients			
Construire des solutions clients			
Négocier			
Gérer la relation client			
Gérer le déroulement du contrat			
Coopérer, travailler en réseau			
Animer une équipe projet			

Compétence requise ▬▬▬
Compétence acquise ▬▬▬

Analyse d'écarts individuels

Analyse d'écarts au niveau de l'équipe

Attention, les bons résultats peuvent être un signe de compétences, inversement **des faiblesses dans les résultats ne signifient pas nécessairement** *« compétences insuffisantes ».* Un collaborateur peut avoir de faibles performances pour des raisons diverses.

Exemples de causes possibles :

- Sa charge de travail ne tient pas compte du temps disponible.
- Il ne considère pas que le travail en question fait partie de sa mission.
- Les objectifs donnés sont flous.
- Les instruments, les équipements disponibles ne conviennent pas.
- La coordination avec les clients, les fournisseurs ou les collègues, n'est pas satisfaisante.
- Il ne dispose pas d'information rapide sur les résultats obtenus permettant de piloter son activité.
- L'absence de résultats n'a aucune conséquence directe pour lui.
- Son manager n'a pas fait ce qu'il devait faire !

Il est donc impératif de faire un diagnostic précis des causes
de faibles performances, et de ne pas se précipiter
sur les solutions de formation.

Cinq pistes de réflexion :

- Quels sont nos **projets,** nos investissements, en cours ou en phase de lancement ? A-t-on identifié les RH nécessaires et les compétences requises pour ces RH ?

- Quelles sont nos 3 **priorités stratégiques** ? Sont-elles traduites en plans d'action ? Faut-il acquérir des compétences pour réussir ces plans d'action, pour mettre en œuvre ces priorités ?

- Avons-nous un **problème récurrent** qu'il est important de résoudre (performances, retard, erreurs, fonctionnement...) ? La compétence est-elle en cause ?

- Quels **changements** faudra-t-il accompagner à l'avenir (évolution technologique, attente des marchés, internationalisation...) ? Comment s'y préparer ?

- Quels vont être les **flux de personnels** (arrivées, départs, mobilités) ? Comment anticiper pour s'y préparer ?

Plusieurs procédés peuvent être mis en œuvre pour évaluer les compétences.

Les principaux sont les suivants.

Inciter la personne à pratiquer une auto-évaluation à partir d'une grille de compétences. Cet autopositionnement sur une grille est destiné à être validé par le manager direct de la personne ou par d'autres responsables qui la voient travailler. Si la grille utilisée est assez précise, il y a peu d'erreurs dans les choix qui sont faits.

Organiser une évaluation des compétences par les pairs, les collègues de travail, à partir d'une grille de compétence. Confronter cette appréciation à celle de l'intéressé et à **l'appréciation du manager.**

Examiner les résultats, les performances de la personne. L'obtention du résultat est généralement un signe de la compétence, mais ce n'est pas automatique car d'autres facteurs peuvent jouer. Certains résultats sont obtenus collectivement, d'autres résultats peuvent être dégradés pour des raisons autres que la compétence.

Observer une personne au travail ; observer sa façon de réaliser les tâches ; observer sa façon de traiter les aléas, les imprévus, les incidents. Cette pratique témoigne d'un niveau de professionnalisme.

Interroger la personne sur sa façon de travailler. Lui demander de décrire les opérations qu'elle réalise, les sources d'informations qu'elle mobilise. Lui demander de nommer les points-clés qui conditionnent la réussite du travail.

Organiser une simulation proche de la situation de travail. Observer les savoir-faire qui sont mobilisés dans le cadre de cette simulation. La simulation peut s'appliquer à des situations variées : *rédiger un document de synthèse, monter ou démonter un appareil, conduire un entretien avec un client, faire l'analyse d'un dossier...*

Vérifier, par des questions, les connaissances de base nécessaires pour réaliser un travail.

Lier la formation à la recherche de performance

Faire le lien entre le développement des compétences et des objectifs de performance exprimés en termes de qualité, délais, réactivité, efficacité économique, satisfaction des clients.

Distinguer dans les actions de formation, celles qui permettent d'obtenir des résultats de performance plus élevés *(CA plus élevé, proportion plus grande de clients très satisfaits, délais améliorés...)*, **et celles qui permettent d'éliminer des faiblesses constatées** dans les résultats *(réclamations, clients perdus, travail à refaire, coûts de non-qualité...)*.

1. Repérer les objectifs de performance de l'unité qui sont en rapport avec des compétences à acquérir.

2. Identifier les personnes concernées : les collaborateurs qui ont une compétence à acquérir et leurs responsables hiérarchiques.

3. Définir, de façon précise, les compétences à acquérir et le niveau à atteindre.

4. S'assurer que les personnes seront en mesure d'utiliser les nouvelles compétences dans leur situation de travail.

Formuler un besoin d'apprentissage

Exemple distinguant connaissances, savoir-faire, comportements

Besoin d'apprentissage (exprimé globalement)	Connaissances à acquérir	Savoir-faire à entraîner	Comportements attendus
Réaliser des audits qualité chez nos fournisseurs	*Notre procédure d'audit. Les spécifications de nos contrats avec les fournisseurs. L'historique des relations avec chaque fournisseur.*	*La pratique de l'audit : préparation, réalisation de l'audit, exploitation de l'audit selon nos règles.*	*Établir un climat de confiance et une relation coopérative avec le fournisseur et son personnel, afin de susciter des actions de progrès.*

Dégager les priorités en termes de formation

> La compétence recherchée est-elle importante et difficile à acquérir ou assez accessible ?

> Cette compétence a-t-elle un impact fort ou faible sur les performances de l'unité ?

> L'investissement est-il justifié ?

> Y a-t-il urgence ? A-t-on le temps d'organiser une formation ?

> Peut-on obtenir cette compétence autrement que par la formation ? (accompagnement individuel, parcours professionnel, détachement d'une personne, mobilité, recrutement, sous-traitance...).

4. Comment développer les compétences ?

Quand un besoin de compétence est décelé, une réaction très fréquente est de décider de réaliser une formation. Ceci appelle deux remarques :

- **Une part importante des apprentissages se fait non pas par de la formation mais par la pratique d'une activité, par un accompagnement de cette pratique.** Il ne faut pas décider trop vite une formation. Il faut aussi s'attacher à organiser le travail pour qu'il soit formateur.

- Pour qu'une formation soit efficace, il faut s'assurer qu'un certain nombre de conditions sont remplies.

  La personne veut se former, elle possède les bases permettant de suivre la formation, la formation est adaptée à ce qu'elle doit faire, la pédagogie est efficace, la personne a l'occasion d'appliquer rapidement ce qu'elle a appris, cette mise en application permet d'améliorer les résultats, le coût de la formation (dépense et temps passé) est justifié au regard des résultats attendus.

  Ce sont là des évidences qui ne sont pas toujours respectées.

Trois voies pour faire progresser votre équipe

Trois voies de progrès

 1. Votre propre pratique de management

 2. L'organisation du travail qui peut avoir un effet sur l'apprentissage ; le management des connaissances

 3. Les actions de formation proprement dites

Votre management peut faire progresser

Votre management est le premier facteur de développement des membres de votre équipe. Pour cela :

- Définir des objectifs stimulants, qui restent accessibles. Manager conjointement les performances et les compétences nécessaires.
- Mettre en place un système d'information permettant à chacun d'être rapidement informé de ses résultats et des résultats de l'équipe. Donner systématiquement du feed-back.
- Encourager l'expérimentation ; faire des erreurs une occasion d'apprentissage.
- Déléguer des activités qui représentent un enjeu de progrès pour le collaborateur.
- Faire grandir vos collaborateurs par un accompagnement individualisé ; jouer un rôle de coach.
- Transmettre votre expérience, votre savoir-faire.
- Organiser la mutualisation des expériences, la formalisation des bonnes pratiques. Manager les connaissances.
- Par votre propre comportement, induire de bonnes pratiques, partager vos intérêts, vos valeurs.
- Jouer un rôle actif pour le parcours professionnel de vos collaborateurs.

Le rôle de coach du manager

Le coaching est **un accompagnement personnalisé** qui vise à faire grandir, à favoriser l'autonomie, la responsabilité. Il permet au collaborateur de développer ses compétences en transformant les situations de travail en situations d'apprentissage.

Le coaching au quotidien : aider quelqu'un à résoudre un problème, à acquérir une capacité à trouver lui-même ses propres solutions*.

Exemple de fil conducteur pour les entretiens de coaching

Les buts :
Est-on clair sur le résultat recherché ? Que voulez-vous changer ? Est-ce réaliste ?

La réalité :
Que se passe-t-il ? Quels sont les faits ? Avez-vous vérifié ? Quels sont les freins ou les appuis ? Qu'avez-vous essayé ?

Les options possibles :
Que peut-on faire ? Y a-t-il d'autres possibilités ? Qui peut aider ? Voulez-vous mon avis ? Quels sont les risques ? Quelle est la meilleure option ?

La volonté d'agir :
Quelles sont les prochaines étapes ? Êtes-vous partant ? Quand le faites-vous ? Avez-vous besoin d'aide ?

Clés du rôle de coach : attitude bienveillante ; art d'écouter, de questionner, de donner du feed-back.

* Voir dans cette collection BASIC : *Coacher vos collaborateurs.*

Les situations de travail ont un effet formateur*

De façon informelle, de nombreuses situations contribuent à développer les compétences ; elles peuvent être mobilisées volontairement. Exemples :

- Donner des instructions précises, des guides opératoires, des documents de référence.
- Expérimenter de nouvelles façons de travailler et partager le retour d'expérience.
- Favoriser le tutorat, le parrainage des nouveaux, l'aide par des personnes ressources.
- Tirer un bilan des projets et des actions réalisées.
- Multiplier les contacts avec les clients, avec le marché.
- Faire un benchmarking avec des secteurs comparables réputés efficaces.
- Encourager les suggestions et la communication ouverte sur tous les sujets.
- Organiser des remplacements provisoires, développer la mobilité.
- Donner, par délégation, de nouvelles responsabilités, confier des missions ponctuelles.
- Résoudre des problèmes en groupe. Améliorer les processus de travail*.

* Lire aussi à ce sujet : C. Darvogne, D. Noyé, *Organiser le travail pour qu'il soit formateur*, INSEP CONSULTING Éditions, ainsi que : D. Noyé, *L'amélioration participative des processus*.

La formation, efficace à certaines conditions

Il convient de relier la formation aux objectifs de l'organisme (un projet, une performance, un besoin des clients...). Prendre un soin particulier de la phase qui précède la formation et de la phase qui suit la formation pour un bon transfert dans les situations de travail.

- Anticiper l'analyse des besoins afin d'avoir le temps d'organiser et de réaliser la formation. Associer les personnes concernées à cette mise au point.
- Définir des objectifs de formation de façon précise, afin d'en faciliter l'évaluation ultérieure.
- Examiner différentes démarches de formation possibles avant de choisir.
- Impliquer la hiérarchie pour créer des conditions favorables à la mise en pratique des acquis.
- Faire appel à des intervenants compétents. Préparer avec eux leur intervention.
- Prendre les décisions - autres que la formation - qui ont un rôle complémentaire.
- Former un nombre suffisant de personnes pour avoir un effet d'entraînement.
- Évaluer sur le terrain les résultats et les effets de la formation.

Voici une façon de structurer un cahier des charges de formation* :

Thème de la formation : Le but exprimé de façon synthétique	**Démarche générale :** Dispositif envisagé (et sa justification)
Origine de la formation : Déclencheur, historique de la demande	**Actions prévues :** Durées, nombre de participants, calendrier...
Pilotage du projet : Commanditaires pour ce projet	**Contenu indicatif :** Têtes de chapitre du programme
Public concerné par la formation : Caractéristiques des personnes à former	**Intervenants :** Animateurs et autres contributeurs
Objectifs de la formation : Comportements professionnels attendus	**Évaluation :** Critères pour évaluer l'atteinte des objectifs
Objectifs pédagogiques de la formation : Ce que les participants vont apprendre	**Coût indicatif :** Identification du coût de la formation

Un tel cahier des charges est un instrument de dialogue pour préparer une formation.

* D'après : D. Noyé, J. Piveteau, *Guide pratique du formateur,* INSEP CONSULTING Éditions.

Apprendre : avec qui ?

Plusieurs possibilités :

- Formation par le manager
- Formation par un collègue, un parrain, un tuteur
- Formation par un instructeur spécialisé, un formateur
- Formation par un partenaire de l'unité (fonction support, client, fournisseur)
- Autoformation avec un programme individuel (e-formation)
- Formation en groupe pour l'équipe de travail
- Formation externe, en stage.

Avez-vous fait le repérage des ressources qui peuvent contribuer à développer les compétences des membres de votre équipe ?

Quelles sont les personnes ressources (dans l'unité ou en dehors) ?	Pour apprendre quoi ?

Le choix d'un intervenant extérieur

Intérêt de faire appel à un intervenant extérieur... et limites

Intérêt	Limites
Il peut avoir une expertise absente en interne. Il a des pratiques pédagogiques éprouvées. Il apporte un regard extérieur et donne des exemples d'autres entreprises. Il est disponible et réactif.	Il peut avoir une compréhension insuffisante de votre organisation, de vos activités. Il représente une dépense supplémentaire. Il est plus dans une logique de fourniture de moyens que de résultats.

Principaux points de vigilance

A-t-il bonne réputation ? Quelles sont ses références personnelles ? Connaît-il notre secteur professionnel ? Connaît-il notre organisme ? Est-il curieux ? A-t-il l'expérience de ce public ? A-t-il une bonne écoute ? Quelle est son expérience ? Quelles sont ses convictions, ses grilles d'analyse ?	Est-il à jour dans son domaine - est-il innovant ? Est-ce un formateur, un consultant, un consultant-formateur, un conférencier... ? A-t-il pratiqué ce qu'il enseigne ? Est-il l'auteur de son expertise ? Fait-il preuve de souplesse pour s'adapter ? Avons-nous, en interne, les mêmes compétences disponibles ?

Proposer un contrat individuel de formation

Dans un contrat de formation passé avec son manager, qu'il soit formel ou verbal, une personne s'engage à se former pour **acquérir certaines compétences** ; l'accord précise quelles sont les **échéances,** quelle est la progression, quels sont les **moyens de formation** et les personnes ressources auxquelles il est possible de faire appel, quel **temps** doit être consacré à cet apprentissage (sur le temps de travail ou sur le temps personnel). Ce contrat prévoit également les circonstances de **mise en application** et la façon d'évaluer l'**atteinte des objectifs.**

Intérêt de ce type de contrat :

- Le collaborateur devient responsable de son apprentissage ; il ne suit pas passivement une formation où on tente de le former.
- Le manager identifie de façon claire les moyens mis à disposition : du temps, des personnes ressources qui peuvent aider, des moyens techniques et économiques mis à disposition.
- Le manager est bien placé pour faciliter la mise en application de ce qui est appris et pour faire le lien entre cet apprentissage et les performances attendues.

Un manager impliqué dans la formation
de ses collaborateurs

Dans une organisation, pour que la formation soit efficace, le manager des personnes formées doit jouer un rôle actif tout au long du processus.

Avant la formation	Pendant la formation	Après la formation
Analyser les besoins, dégager les priorités. Vérifier qu'il s'agit bien d'un besoin de formation. Choisir les actions de formation pertinentes. Valider objectifs et contenus. Responsabiliser les collaborateurs sur leur formation et sur les résultats à atteindre. Fournir les moyens nécessaires (en temps, en ressources...). Informer l'intervenant de votre contexte et de vos objectifs. Prévoir les actions d'accompagnement.	*Éventuellement :* Ouvrir ou clore la session, situer cette formation par rapport aux objectifs du secteur. Apporter un témoignage. Animer ou co-animer certaines séquences.	Faciliter la mise en œuvre des acquis de la formation. Si nécessaire, faire évoluer l'organisation du travail. Évaluer et valoriser les progrès réalisés. S'assurer que la formation a permis d'améliorer les performances.

Réussir le transfert dans la situation de travail

L'investissement dans une formation est souvent perdu s'il n'y a pas très rapidement une utilisation de ce qui est appris. **Le manager est responsable du transfert** dans la situation de travail. Pour cela :

- Programmer la mise en application de ce qui est appris, immédiatement après la formation, sur des situations réelles.

- Si nécessaire, dégager du temps pour rendre le collaborateur disponible.

- Donner à ce collaborateur des objectifs de résultat tenant compte de l'effort de formation réalisé.

- Dès le retour de formation, faire avec ce collaborateur un debriefing de ce qu'il a acquis ; lui demander de présenter à ses collègues les messages-clés qu'il retient de cette formation.

- Éventuellement, mettre en place un accompagnement du collaborateur par le manager, pour l'aider à progresser sur les objectifs de performance donnés.

- Évaluer les résultats obtenus et mettre en valeur le progrès réalisé.

Plusieurs niveaux d'évaluation :

1. La **réaction** des personnes à la formation : intérêt, satisfaction, envie d'appliquer.

2. Les **acquis,** ce que les personnes savent faire en sortant de formation.

3. La **mise en œuvre effective** de ces acquis dans les situations de travail.

4. L'impact sur **les résultats professionnels** et la performance.

5. Les **effets indirects** de la formation (connaissance mutuelle, nouvelle exigence...).

6. Le **retour sur investissement** : l'amélioration de performance sur un an au regard des coûts engagés (temps passé, dépense de formation...).

Quelques procédés et sources d'informations pour évaluer :

- Observation directe de la personne en train de travailler.

- Temps nécessaire pour réaliser un travail donné.

- Capacité à travailler seul, sans appui ; capacité à traiter les imprévus.

- Meilleure utilisation des équipements.

- Volume de production de la personne, productivité.

- Réduction des non-conformités, des défauts et des erreurs à corriger.

- Élimination des réclamations liées à la façon de faire le travail.

- Résultats d'audits.

- Comparaison du travail réalisé au secteur qui fait référence ou à la réalisation du meilleur concurrent.

Lectures complémentaires

MEDEF, *Objectifs compétences,* Journées internationales de la formation, Synthèse des travaux, MEDEF, 1988.

C. Darvogne, D. Noyé, *Organiser le travail pour qu'il soit formateur,* INSEP CONSULTING Éditions, 2000.

D. Noyé, J. Piveteau, *Guide pratique du formateur,* INSEP CONSULTING Éditions, 2002.

A. Barkatoolah, *Valider les acquis et les compétences en entreprise,* INSEP CONSULTING Éditions, 2000.

G. Le Boterf, *Construire les compétences individuelles et collectives,* éditions d'Organisation, 2000.

F. Geffroy, R. Tijou, *Le management des compétences dans les entreprises européennes,* INSEP CONSULTING Éditions, 2002.

Voir aussi dans cette collection BASIC :
J.-L. Blondel, *Former et fidéliser un nouveau collaborateur*
D. Noyé, *Coacher vos collaborateurs*